Une idée gourmande
par jour

Les auteurs de recueils de citations sont comme ces gens
qui mangent des cerises : ils commencent par les meilleures
et finissent par les manger toutes.
Chamfort
(écrivain français, 1741-1794)

Une idée gourmande par jour

Textes rassemblés
par
VALÉRIE STRAUSS-KAHN

chêne

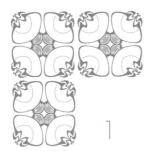

1

Je pense être en mesure
de me soumettre
à n'importe quel régime
pourvu que l'on me laisse
la sauce.

André Lévy

(auteur dramatique français, né en 1950)

2

À celui qui frappe à la porte,
on ne demande pas : « Qui es-tu ? »
On lui dit : « Assieds-toi et dîne ! »

Proverbe sibérien

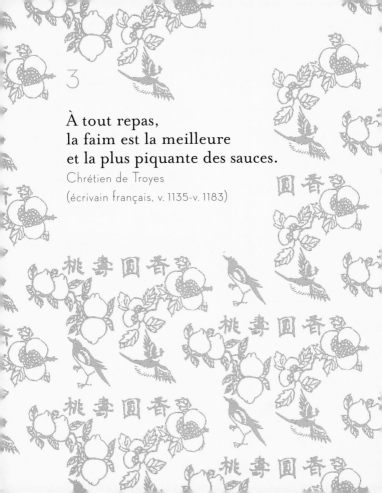

3

À tout repas,
la faim est la meilleure
et la plus piquante des sauces.

Chrétien de Troyes
(écrivain français, v. 1135-v. 1183)

4

C'est le soleil d'août
qui donne
aux pommes leur bon goût.
Dicton français

5

Il n'est rien de si amer
qu'une noix verte et,
toutefois, à force de sucre,
on en fait une confiture
fort délicate.

Jean-Pierre Camus
(théologien et romancier français, 1584-1652)

6

À ronde table,
il n'y a débat pour être
près du meilleur plat.
Proverbe français

7

Avez-vous remarqué qu'à table,
les mets que l'on vous sert vous mettent
les mots à la bouche ?

Raymond Devos
(humoriste français, 1922-2006)

8

Aimez le chocolat à fond, sans complexe
ni fausse honte, car rappelez-vous :
« Sans un grain de folie, il n'est point
d'homme raisonnable. »

François de La Rochefoucauld
(écrivain moraliste français, 1613-1680)

9

Dans une assiette
de bouillon,
ils mettent environ
1 gramme de bœuf
et ils appellent ça
du bouillon de bœuf.
C'est culotté,
je trouve…

Jean-Marie Gourio
(écrivain et scénariste français, né en 1956)

10

À table,
comme en amour,
le changement
donne du goût.
Proverbe provençal

11

Avoir goûté
de la pastèque,
c'est savoir
ce que mangent
les anges.
Mark Twain
(écrivain et humoriste américain,
1835-1910)

Bacchus : divinité
complaisante inventée
par les anciens
pour excuser
leurs excès de boissons.

Ambrose Bierce
(écrivain et journaliste américain,
1842-1914)

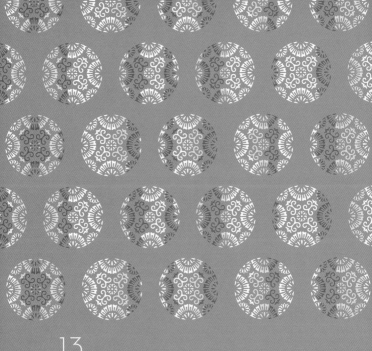

13

Bâtir salon avant cuisine,
de la maison c'est la ruine.
Proverbe français

14

Bonne cuisine et bon vin,
c'est le paradis sur terre.

Henri IV
(roi de France, 1553-1610)

Dieu a fait l'aliment ; le diable l'assaisonnement.

James Joyce
(écrivain irlandais,
1882-1941)

16

De tes aliments,
tu feras ta médecine.

Hippocrate

(médecin grec, v. 460-v. 370 av. J.-C.)

17

Beaucoup de gens accordent au café le pouvoir
de donner de l'esprit ; mais tout le monde
a pu vérifier que les ennuyeux ennuient bien
davantage après en avoir pris.

Honoré de Balzac

(écrivain et critique français, 1799-1850)

18

C'est la pénicilline qui guérit
les hommes, mais c'est le bon vin
qui les rend heureux.

Alexander Fleming
(biologiste et pharmacologiste écossais,
prix Nobel de médecine, 1881-1955)

19

C'est le fumet qui remplit la distance
entre l'assiette et la tête.

Graham Kerr
(auteur anglais d'ouvrages
et d'émissions de télévision culinaires,
né en 1934)

20

Les tomates,
il faut qu'elles pissent le sang !

Bernard Loiseau

(chef cuisinier français, 1951-2003)

21

C'est quand on n'a plus de dents
qu'on vous donne de la bonne soupe.

Pierre-Auguste Renoir
(peintre français, 1841-1919)

22

Une poule a-t-elle pondu
un œuf que le seigneur
en prend le jaune,
sa noble dame le blanc et au paysan
il ne reste que la coquille.

Thomas Murner

(théologien et humaniste alsacien, 1475-1537)

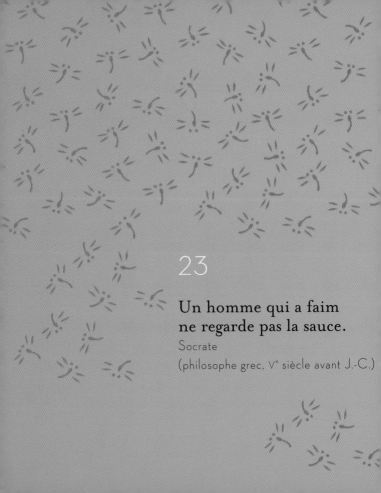

23

Un homme qui a faim
ne regarde pas la sauce.

Socrate

(philosophe grec, Vᵉ siècle avant J.-C.)

24

Car, vous l'avez bien
compris, la cuisine
est affaire de cœur
autant que de métier.

Michel Guérard
(chef cuisinier français, né en 1933)

25

Ce que beurre et whisky ne peuvent soigner est incurable.

Proverbe irlandais

26

Ce que l'on conçoit bien
s'énonce clairement.
Ce qu'on mange avec goût
se digère aisément.

Georges Courteline
(écrivain français, 1858-1929)

27

Le saumon vit dans des boites en fer blanc,
d'où il ne sort que le dimanche soir
quand les amis arrivent à l'improviste.
Groucho Marx
(comédien américain, 1890-1977)

28

Celui qui distingue
la vraie saveur
de ce qu'il mange
ne sera jamais un glouton ;
celui qui ne le fait pas
ne peut être autre chose.

Henry David Thoreau
(philosophe américain, 1817-1862)

Il n'est condiment que d'appétit.

Xénophon
(philosophe et historien grec, 426-355 av. J. C.)

30

Celui qui manque
trop du pain quotidien
n'a plus aucun goût
au pain éternel.

Charles Péguy
(écrivain français, 1873-1914)

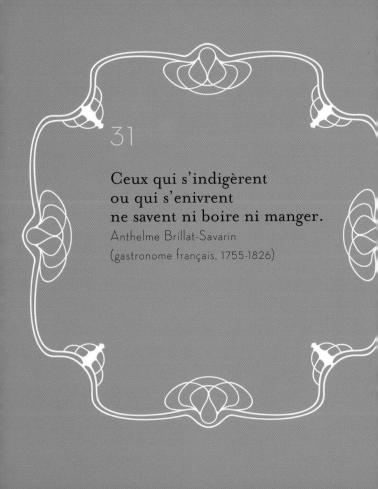

31

Ceux qui s'indigèrent
ou qui s'enivrent
ne savent ni boire ni manger.

Anthelme Brillat-Savarin

(gastronome français, 1755-1826)

32

Chaque nation aime sa cuisine.
Elle la considère comme
la meilleure de toutes.
Chacune a raison,
car elle ne peut s'en passer.

Édouard de Pomiane
(médecin et gastronome français, 1875-1964)

33

Chez moi
quand on tue un cochon,
tout le monde rit,
sauf le cochon.

Edgar Faure
(homme politique
et académicien français,
1908-1988)

34

Seuls les cœurs purs font de la bonne soupe.

Ludwig van Beethoven
(compositeur allemand, 1770-1827)

35

Une pomme par jour éloigne
le médecin.

Proverbe anglais

Comme le monde serait triste
sans l'odeur des confitures.

Georges Duhamel
(écrivain et poète français,
1884-1966)

37

Il ne faut pas rincer la coupe de l'amitié
avec du vinaigre.

Proverbe arabe

38

Cuisiner suppose
une tête légère
et un cœur large.

Paul Gauguin
(peintre français, 1848-1903)

39

Le chocolat est bon avec…
de la vanille, du lait, des fraises,
de la crème glacée, du chocolat !
Collectif

40

Les adultes ont accès
à mille sortes de voluptés,
mais pour les enfançons,
il n'y a que la gourmandise
qui puisse ouvrir les portes
de la délectation.

Amélie Nothomb
(écrivaine belge, née en 1967)

41

Je donne une datte au pauvre
pour en goûter la vraie saveur.

Proverbe arabe

De toutes les passions,
la seule vraiment respectable
me paraît être la gourmandise.
Guy de Maupassant
(écrivain français, 1850-1893)

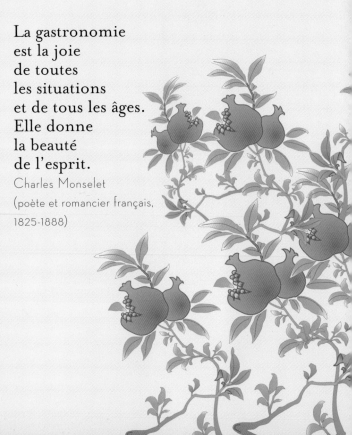

43

La gastronomie
est la joie
de toutes
les situations
et de tous les âges.
Elle donne
la beauté
de l'esprit.

Charles Monselet

(poète et romancier français,

1825-1888)

44

La véritable discipline,
c'est de ramasser des fraises
sans en manger une seule.
Doug Larson
(sportif anglais, 1902-1981)

45

La félicité n'existe pas là
où l'art du cuisinier est ignoré.

Jean-Jacques Régis de Cambacérès
(homme politique français, 1753-1824)

46

Cookie : anciennement,
petit gâteau sucré
qu'on acceptait avec plaisir.
Aujourd'hui : petit fichier
informatique drôlement salé,
qu'il faut refuser avec véhémence.

Luc Fayard
(journaliste français, né en 1954)

47

De tous les arts,
l'art culinaire
est celui qui nourrit
le mieux son homme.

Pierre Dac
(humoriste français, 1893-1975)

48

Terre noire fait bon blé.

Proverbe auvergnat

FLOUR

49

De toutes les qualités
du cuisinier,
la plus indispensable
est l'exactitude.

Anthelme Brillat-Savarin
(gastronome français, 1755-1826)

Des poissons qui sont dans une même marmite,
on ne peut tirer qu'un seul bouillon.

Proverbe malgache

51

Une des preuves que le goût
de la viande n'est pas naturel
à l'homme est l'indifférence
que les enfants ont pour
ces mets-là et la préférence
qu'ils donnent tous
à des nourritures végétales,
telles que le laitage,
la pâtisserie, les fruits…

Jean-Jacques Rousseau
(philosophe genevois, 1712-1778)

52

Dis-moi ce que tu manges, je te dirai ce que tu es.

Anthelme Brillat-Savarin

(gastronome français, 1755-1826)

53

Devant la cuisine
anglaise, il n'y a
qu'un seul mot :
« Soit ! »
Paul Claudel
(écrivain et diplomate français, 1868-1955)

54

Bois du vin…, c'est lui la vie éternelle.
Omar Khayyâm
(poète et mathématicien persan, v. 1048-v. 1122)

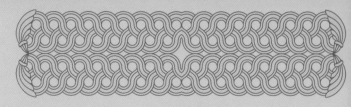

55

Donnez-moi une bonne digestion,
Seigneur…,
et aussi quelque chose à digérer.

Thomas Moore
(poète irlandais, 1779-1852)

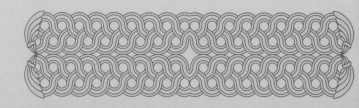

56

Un filet d'huile d'olive.
L'expression a des allures
de formule magique,
comme un talisman garant
de bonne santé.

Anne Vantal

(écrivaine française, née en 1956)

57

Dormir seule,
on arrive à s'y faire.
Mais seule devant
une assiette,
c'est toujours un mauvais
moment à passer.

Jovette-Alice Bernier
(romancière et poétesse québécoise,
1900-1981)

58

Utiliser les mots sans savoir
leurs racines,
c'est se nourrir
sans connaître la cuisine.

Xavier Brébion
(commerçant et gastronome franco-canadien,
né en 1944)

59

En France,
la cuisine
est une forme
sérieuse d'art
et un sport national.
Julia Child
(auteure américaine d'ouvrages
et d'émissions de télévision
culinaires, 1912-2004)

60

Faites simple !

Auguste Escoffier
(chef cuisinier français, 1846-1935)

61

Face à la nourriture,
le corps ne sait rester
neutre ; il est prêt
à toutes les folies, à
toutes les fantasmagories,
et la mort ne lui fait
plus peur.

Noëlle Châtelet
(écrivaine
et universitaire française,
née en 1944)

62

Faute de pain,
on mange
de la galette.

Proverbe québécois

63

Faute de grives, on mange des merles.

Proverbe français

64

En province, et surtout dans les bonnes villes
du Midi, où l'on fait excellente chère,
un grand dîner est une affaire d'État.
On en parle trois mois d'avance,
et la digestion en dure six semaines.

Alexandre Balthazar Laurent Grimod de La Reynière
(écrivain et gastronome français, 1758-1837)

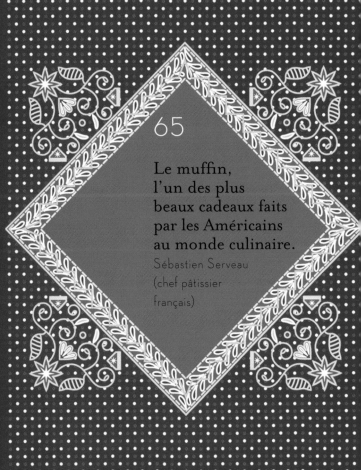

65

Le muffin,
l'un des plus
beaux cadeaux faits
par les Américains
au monde culinaire.

Sébastien Serveau
(chef pâtissier
français)

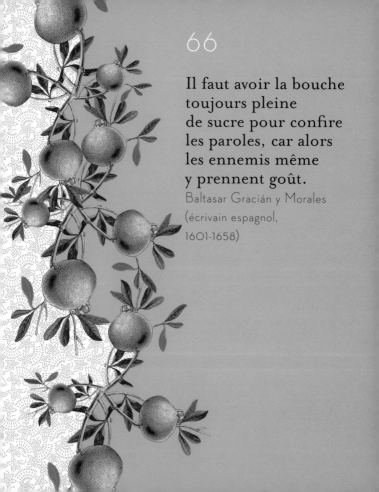

66

Il faut avoir la bouche
toujours pleine
de sucre pour confire
les paroles, car alors
les ennemis même
y prennent goût.

Baltasar Gracián y Morales
(écrivain espagnol,
1601-1658)

67

Il est plus facile
de jouer au mikado
avec des spaghettis crus
qu'avec des spaghettis cuits

Philippe Geluck

(illustrateur et humoriste belge,

né en 1954)

68

Il vaut mieux être le dindon
de la farce que la farce du dindon.

Yvan Audouard
(journaliste et romancier
français, 1914-2004)

69

Il faut savoir offrir du rêve,
même à travers un repas.
La table, c'est la fête.

Bernard Loiseau
(chef cuisinier français, 1951-2003)

Il faut n'appeler Science que l'ensemble
des recettes qui réussissent toujours.
Tout le reste est littérature.
Paul Valéry
(écrivain et poète français, 1871-1945)

71

Il faut quatre hommes
pour faire une salade :
un prodigue pour l'huile,
un avare pour le vinaigre,
un sage pour le sel
et un fou pour le poivre.

François Coppée
(romancier et poète français, 1842-1908)

72

Il faut vivre pour manger et non pas manger
pour vivre.

Molière

(dramaturge et acteur de théâtre français, 1622-1673)

73

Il vaut mieux
être invité
avec affection
à manger
de l'herbe,
qu'à manger
le veau gras
lorsqu'on est haï.
La Bible
Le Livre des Proverbes

Il n'y a pas d'amour
plus sincère
que celui
de la bonne chère.

George Bernard Shaw
(écrivain et critique irlandais,
prix Nobel de littérature,
1856-1950)

75

Il n'y a pas de bonne cuisine si,
au départ, elle n'est pas faite
par amitié pour celui
ou celle à qui elle est destinée.

Paul Bocuse
(chef cuisinier français, né en 1926)

Il n'y a que les mauvais cœurs
qui médisent à table,
car rien ne rend plus indulgent
que la bonne chère.

Alexandre Balthazar Laurent Grimod de La Reynière
(écrivain et gastronome français, 1758-1837)

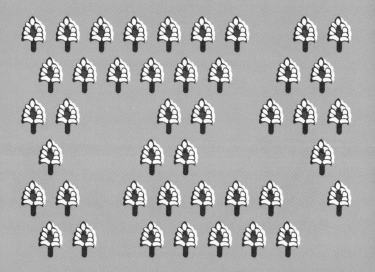

77

Il n'y a rien
qui permette
de condamner
un gastronome tant
qu'il ne va pas
jusqu'à l'indigestion.

Tristan Bernard
(écrivain français, 1866-1947)

Il n'y a de géographie sans ennui
que gourmande.

Michel Onfray
(philosophe français, né en 1959)

79

Il ne faut pas tant
regarder ce que l'on mange
que celui avec qui l'on mange.

Épicure

(philosophe grec, 341-270 av. J.-C.)

80

La nouvelle
cuisine était
un mouvement.
Aujourd'hui
il y en a
des centaines :
minimalistes,
naturalistes,
happenings,
performances,
cuisine vivante…
Il y aura
une cuisine
européenne,
c'est sûr.

Ferran Adrià
(chef cuisinier espagnol,
né en 1962)

81

Heureux chocolat qui, après avoir couru le monde à travers le sourire des femmes, trouve la mort dans un baiser savoureux et fondant de leur bouche.

Anthelme Brillat-Savarin
(gastronome français, 1755-1826)

82

La cuisine se compose comme la musique,
il faut bien connaître le solfège pour laisser
la bride sur le cou à son inspiration.
Les grands chefs professionnels le savent bien,
qui appellent piano leurs fourneaux.

Maguelonne Toussaint-Samat
(auteure française, née en 1926)

83

Il y a dans la mise en scène
d'un bon repas autre chose
que l'exercice d'un code
mondain ; il rôde autour
de la table une vague pulsion
scopique : on regarde
(on guette ?) sur l'autre
les effets de la nourriture.

Roland Barthes
(écrivain et sémiologue français,
1915-1980)

84

Certainement,
Dieu est un très bon enfant
d'avoir donné le vin à l'homme.
Si j'avais été Dieu,
j'aurais gardé la recette
pour moi seul.

Théophile Gauthier
(poète, romancier
et critique d'art français,
1811-1872)

Il y a plus de philosophie dans une bouteille de vin que dans tous les livres.

Louis Pasteur (scientifique français, 1822-1895)

86

L'âme du gourmand
est tout dans son palais.

Jean-Jacques Rousseau
(philosophe genevois,
1712-1778)

87

Il y a quelque chose
de commun entre
la chaleur humaine
et celle du café…
L'amertume, sans doute.

Laurent Houndegla
(fonctionnaire français, né en 1970)

88

Ils [les convives] veulent
que l'assiette soit belle
et avoir envie de touiller la sauce
pour ne pas en perdre une goutte.

Bernard Loiseau
(chef cuisinier français, 1951-2003)

89

J'adore les huîtres ;
on a l'impression
d'embrasser la mer
sur la bouche.

Léon-Paul Fargue
(poète français, 1876-1947)

90

Une ganache réussie laisse s'exprimer chacun des grands crus de cacao qui la composent. Chacune possède un arôme qui lui est propre, une personnalité aussi précise que le son d'un instrument ou la voix d'un chanteur d'opéra.

Robert Linxe
(créateur de La Maison du Chocolat, né en 1930)

91

J'aime ce qui me nourrit :
le boire, le manger, les livres.

Étienne de La Boétie

(philosophe et poète français, 1530-1563)

92

Orange : réunion de quartier.
Anonyme

93

On ne rassasie pas
un chameau
en le nourrissant
à la cuillère.

Proverbe chinois

94

Les recettes de cuisine, comme les partitions
de musique n'ont jamais le temps
de s'ennuyer, pourvu qu'elles rencontrent
un interprète de talent.

Jean-Robert Pitte

(géographe français, né en 1949)

95

Il n'est point de si doux apprêt,
pour moi, ni de sauce si appétissante,
que celle qui se tire de la société.

Michel de Montaigne
(philosophe humaniste français, 1533-1592)

96

Dans le cochon, tout est bon. Même l'intérieur.

Alphonse Allais

(écrivain et humoriste français, 1854-1905)

Je ne vais pas à la messe,
car elle est à l'heure
de l'apéritif.

Georges Courteline
(écrivain français, 1858-1929)

98

La gourmandise a besoin
de temps pour que
s'élaborent des mets raffinés,
des sauces subtiles,
des jus délicats qui font appel
à notre histoire, à notre
culture gastronomique,
à notre art de vivre,
et apportent au quotidien
sa part de rêve.

Les Sœurs Scotto
(auteures culinaires françaises)

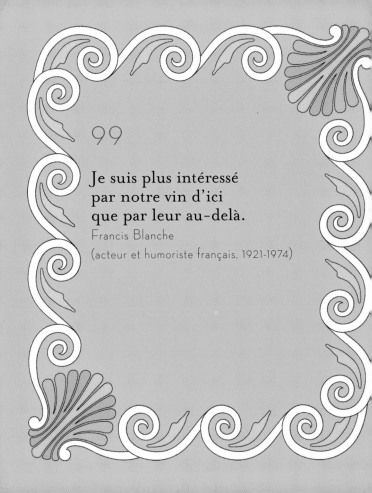

99

Je suis plus intéressé
par notre vin d'ici
que par leur au-delà.

Francis Blanche

(acteur et humoriste français, 1921-1974)

100

Je boirai du lait
quand les vaches mangeront
du raisin.

Jean Gabin
(acteur français, 1904-1976)

101

Je suis très fier de notre reblochon,
qui appartient à notre patrimoine culturel
national. C'est, en réalité, bien plus qu'un
fromage…

Marc Veyrat
(chef cuisinier français, né en 1950)

102

Je vais, dans mon ardeur poétique
et divine, mettre au rang
des beaux-arts celui de la cuisine.

Joseph Berchoux

(juge de paix et poète français, 1765-1839)

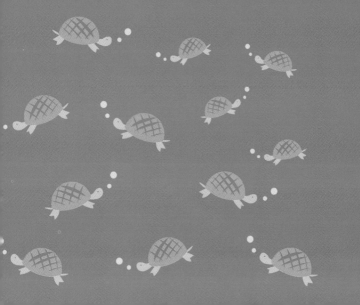

103

**Je vis de bonne soupe
et non de beau langage.**

Molière

(dramaturge et acteur de théâtre français

1622-1673)

L'absinthe apporte l'oubli,
mais se fait payer en migraines.
Oscar Wilde
(écrivain irlandais, 1854-1900)

105

L'alcool est blanc et rougit le visage.
L'or est jaune et noircit le cœur.

Proverbe chinois

106

L'espérance de vie
progressera sérieusement
le jour où les légumes
sentiront aussi bon
que le bacon.
Doug Larson
(sportif anglais, 1902-1981)

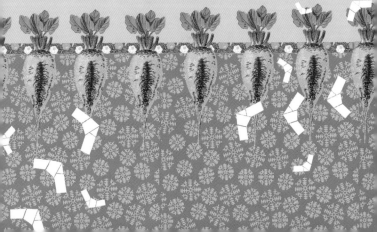

L'alcool, il y a deux versions.
Soit c'est un ennemi qui te fait
du bien mais qui te veut du mal,
soit c'est un ami qui te veut
du mal mais qui te fait du bien.

Jacques Dutronc
(auteur, compositeur, interprète
et acteur français, né en 1943)

108

La gourmandise
est impérieuse
et la cuisine patiente.

Les Sœurs Scotto
(auteures culinaires françaises)

109

L'amour,
c'est comme le potage :
les premières cuillères
sont trop chaudes,
les dernières sont trop froides

Jeanne Moreau
(actrice et chanteuse française,
née en 1928)

110

Le chagrin est comme le riz dans le grenier :
chaque jour il diminue un peu.

Proverbe malgache

111

L'Angleterre a deux sauces
et trois cents religions.
La France a deux religions,
mais plus de trois cents sauces.

Charles Maurice de Talleyrand-Périgord
(homme politique et diplomate français,
1754-1838)

112

L'apéritif, c'est la prière
du soir des Français.

Paul Morand
(écrivain et diplomate français,
1888-1976)

113

L'ail est à la santé
ce que le parfum est à la rose.
Proverbe provençal

114

L'appétit vient
en mangeant.
La soif s'en va en buvant.

François Rabelais
(médecin et écrivain français,
v. 1494-1553)

Poule qui becquette grain à grain
mange quand même à sa faim.

Alexandre Ostrovski

(écrivain russe, 1823-1886)

116

L'homme est comme une horloge,
il se remonte par la nourriture
deux ou trois fois par jour.

Alphonse Karr
(écrivain et journaliste français, 1808-1890)

117

L'identité culinaire
—ce à quoi se reconnaît
peuple ou individu—
se construit avec
ce que l'on a vécu
dans son enfance…

Marc Veyrat
(chef cuisinier français, né en 1950)

118

L'indécis laisse geler sa soupe
de l'assiette à la bouche.

Miguel de Cervantès

(romancier, poète et dramaturge espagnol, 1547-1616)

119

La bière est la preuve que Dieu nous aime et veut que nous soyons heureux.

Benjamin Franklin

(écrivain, physicien et diplomate américain, 1706-1790)

120

La bouillie de sarrasin
est notre mère,
le pain de seigle
est notre père.
Proverbe russe

121

Le meilleur pain
est celui de la maison.

Proverbe catalan

122

L'art culinaire est plus important
que l'art littéraire. Et on peut très bien vivre
sans savoir lire, tandis qu'il faut manger.

Robert de Roquebrune

(romancier et essayiste français, 1889-1978)

La bonne chère et le bon vin
réjouissent le cœur du gastronome.

Antonin Carême
(chef cuisinier français, 1784-1833)

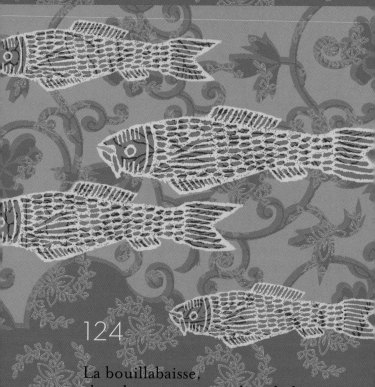

124

La bouillabaisse,
c'est du poisson avec du soleil.
Alfred Capus
(journaliste et dramaturge français, 1857-1922)

125

La créativité naît de l'authenticité
et s'appuie sur la tradition.
Un peintre ne réinvente
pas l'arc-en-ciel,
il utilise les couleurs autrement.

Pierre Gagnaire
(chef cuisinier français, né en 1950)

126

La cherté
donne du goût
à la viande.

Michel de Montaigne
(philosophe humaniste français,
1533-1592)

127

La cuisine anglaise :
si c'est froid,
c'est de la soupe.
Si c'est chaud,
c'est de la bière.

Proverbe français

128

Quand les gros poissons se battent,
les crevettes doivent se tenir tranquilles.
Proverbe créole

129

La cuisine est devenue un art,
une science noble.
Les cuisiniers
sont des gentilshommes.

Robert Burton

(écrivain anglais, 1577-1640)

130

La cuisine du Périgord est sans beurre
et sans reproche.
Curnonsky
(gastronome français, 1872-1956)

131

La cuisine
d'une société
traduit inconsciemment
sa structure,
à moins que,
sans le savoir
davantage,
elle ne se résigne
à y dévoiler
ses contradictions.
Claude Lévi-Strauss
(anthropologue et philosophe
français, né en 1908)

132

La cuisine
est le plus ancien des
arts, car Adam naquit
à jeun.

Anthelme Brillat-Savarin
(gastronome français, 1755-1826)

133

La gastronomie moléculaire
n'est pas une tendance.
C'est une façon d'aborder
la cuisine pour ne pas cuisiner
« idiot ».

Pierre Gagnaire
(chef cuisinier français, né en 1950)

134

La cuisine,
c'est comme la musique,
un art dont il faut d'abord
apprendre le solfège.

Joël Robuchon
(chef cuisinier français, né en 1945)

135

La cuisine japonaise
n'est pas chose qui se mange,
mais chose qui se regarde.

Junichiro Tanizaki

(écrivain japonais, 1886-1965)

La cuisine, c'est l'envers
du décor.
Là où s'activent
les hommes et femmes
pour le plaisir
des autres.
Bernard Loiseau
(chef cuisinier français,
1951-2003)

137

La découverte
d'un mets nouveau fait plus
pour le genre humain
que la découverte d'une étoile.

Anthelme Brillat-Savarin
(gastronome français, 1755-1826)

138

La cuisine,
c'est quand les choses ont
le goût de ce qu'elles sont.

Curnonsky
(gastronome français, 1872-1956)

139

La gourmandise commence
quand on n'a plus faim.

Alphonse Daudet
(écrivain français, 1840-1897)

140

La gastronomie
est une profession
de foie.

Paul Carvel
(écrivain et éditeur belge,
né en 1964)

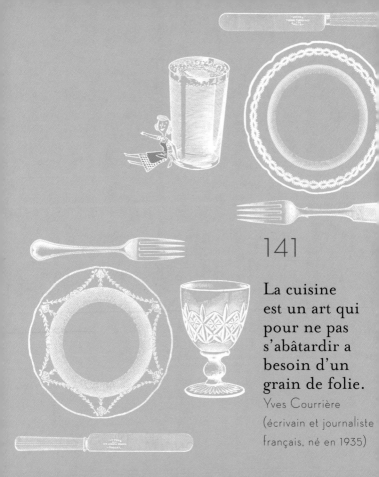

141

La cuisine
est un art qui
pour ne pas
s'abâtardir a
besoin d'un
grain de folie.
Yves Courrière
(écrivain et journaliste
français, né en 1935)

La gourmandise, quand elle est partagée,
a l'influence la plus marquée sur le bonheur
qu'on peut trouver dans l'union conjugale.

Anthelme Brillat-Savarin
(gastronome français, 1755-1826)

143

La gourmandise est une fête
du palais qui réchauffe les cœurs
et réjouit les esprits.

Georges Blanc
(chef cuisinier français, né en 1943)

144

La gourmandise,
le péché
des moines
vertueux.

Honoré de Balzac
(écrivain et critique français,
1799-1850)

145

Le ciel est haut, la terre est basse ; il n'y a que
la table et le lit qui soient à la bonne hauteur.

Proverbe français

146

La justice est comme la cuisine,
il ne faut pas la voir de trop près.

Proverbe tourangeau

147

La loi, dans un grand souci d'égalité, interdit aux riches comme aux pauvres de coucher sous les ponts, de mendier dans les rues et de voler du pain.

Anatole France
(écrivain français, 1844-1924)

148

La nature, en amour
comme en cuisine,
nous donne rarement
le goût de ce qui nous
est mauvais.

Charles Baudelaire
(poète français, 1821-1867)

La louange et le chou ont bon goût,
mais ils gonflent.

Proverbe polonais

152

Jamais homme noble
ne hait le bon vin.

François Rabelais
(médecin et écrivain français,
v. 1494-1553)

153

**La pomme de terre :
le légume de la cabane
et du château.**

Louis de Cussy

(gastronome français, 1766-1837)

154

Je pourrais faire
un bon végétarien
si l'on décrétait un jour
que le bacon
est un légume.

Lawrence Block

(écrivain américain, né en 1930)

155

La gourmandise est l'apanage exclusif de l'homme.

Anthelme Brillat-Savarin

(gastronome français, 1755-1826)

156

La soupe n'est pas assez chaude
si le cuisinier ne s'y brûle pas les doigts.

William Collier

(acteur et scénariste américain, 1902-1987)

157

**La tartine tombe toujours
du côté beurré.**

Proverbe alsacien

158

La table est le seul endroit du monde
où l'on ne s'ennuie pas la première heure.

Anthelme Brillat-Savarin

(gastronome français, 1755-1826)

159

La vie, c'est comme une boîte
de chocolat : on ne sait jamais
sur quoi on va tomber.

Robert Zemeckis

(réalisateur et scénariste américain, né en 1952)

160

La perdrix aime les pois,
mais pas ceux
qui l'accompagnent
dans la casserole.
Henry David Thoreau
(philosophe américain, 1817-1862)

161

L'odeur de viennoiserie
s'estompe, submergée
par les effluves de caramel
et de nougatine […]
et par les odeurs puissamment
fruitées, émanant
des condissoires où bouillonnent
des framboises mêlées de sucre,
des zestes de pamplemousses
immergés dans les décoctions
d'épices.

Marianne Comolli
(écrivaine culinaire française)

162

La grande cuisine, ce peut être
une dinde bouillie, une langouste
cuite au dernier moment,
une salade cueillie dans le jardin
et assaisonnée à la dernière minute.

Paul Bocuse
(chef cuisinier français, né en 1926)

163

La vie est comme le fumet
qui s'échappe de la marmite.
On veut y faire attention
et, déjà, il n'est plus là.

Proverbe malgache

Dans les cuisines de mes grands-mères régnait une douce atmosphère aux couleurs et aux senteurs inoubliables : poêlons, cocottes et faitouts frémissaient sur la longue cuisinière en fonte et en cuivre....

Marie Leteuré
(styliste culinaire française)

165

La vie n'est pas un restaurant,
mais un buffet.
Levez-vous pour vous servir.

Dominique Glocheux
(auteur français, né en 1964)

166

Le premier verre vous montre les choses
comme vous voulez les voir,
le deuxième vous les montre
comme elles ne sont pas ; après le troisième,
vous les voyez comme elles sont vraiment.

Oscar Wilde
(écrivain irlandais, 1854-1900)

167

La vraie cuisine
est une forme d'art.
Un cadeau à partager.
Oprah Winfrey
(actrice et productrice
de télévision américaine,
née en 1954)

168

Ajouter de la tomate
et de l'origan,
ça devient italien ;
du vin et de l'estragon,
ça devient français ;
du citron et de la cannelle,
ça devient grec ;
de la sauce de soja,
ça devient chinois ;
ajouter de l'ail,
ça devient bon !

Alice May Brock
(écrivaine américaine,
née en 1941)

169

L'asperge
est le poireau du riche.

Francis Blanche
(acteur et humoriste français,
1921-1974)

170

L'avenir n'est point encore ;
le présent n'est bientôt plus,
le seul instant de la vie est l'instant
de la jouissance.

Anthelme Brillat-Savarin
(gastronome français, 1755-1826)

171

Le bœuf est la reine des viandes ;
le bœuf possède, incluse en lui,
la quintessence de la perdrix,
de la caille, de la venaison du faisan,
du plum-pudding et de la crème aux œufs.

Jonathan Swift

(écrivain irlandais, 1667-1745)

172

Ce sont les oiseaux
et les enfants
qu'il faut interroger
sur le goût des cerises
et des fraises.

Johann Wolfgang von Goethe
(écrivain et poète allemand, 1749-1832)

173

Le bonheur,
c'est un plat de frites
supplémentaires.

Charles Monroe Schulz
(scénariste et illustrateur américain,
1922-2000)

174

Nous ne mangeons pas
pour vivre, mais parce
que le mets est savoureux
et que l'appétit est là.

Ralph Waldo Emerson
(philosophe et poète américain,
1803-1882)

175

Le café : noir comme le diable,
chaud comme l'enfer,
pur comme un ange,
doux comme l'amour.

Charles Maurice de Talleyrand-Périgord
(homme politique et diplomate français, 1754-1838)

La cuisine, un délicieux trait d'union
entre les pays du monde.

Guy Martin

(chef cuisinier français, né en 1957)

177

Le camembert,
ce fromage
qui fleure les pieds
du bon Dieu.

Léon-Paul Fargue
(poète français, 1876-1947)

178

Le vin est la partie intellectuelle d'un repas. Les viandes et les légumes n'en sont que la partie matérielle.

Alexandre Dumas (père)
(romancier et dramaturge français, 1802-1870)

179

Le chocolat est, plutôt que le nectar
ou l'ambroisie, la vraie nourriture des dieux.

Joseph Bachot

(médecin français du XVIIIe siècle)

180

Donne un poisson à un homme,
et il mangera une journée.
Apprends à un homme à pêcher,
et il passera ses journées
dans une barque à boire de la bière.

Marie-Lyse Aston

(chanteuse américaine, née en 1952)

**Plus il y a de fous,
moins il y a de riz.**

Coluche

(humoriste et acteur français,
1944-1986)

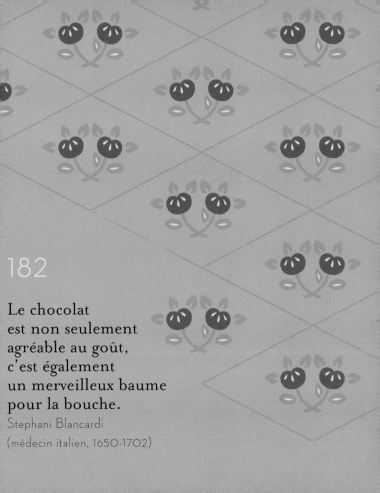

182

Le chocolat
est non seulement
agréable au goût,
c'est également
un merveilleux baume
pour la bouche.

Stephani Blancardi
(médecin italien, 1650-1702)

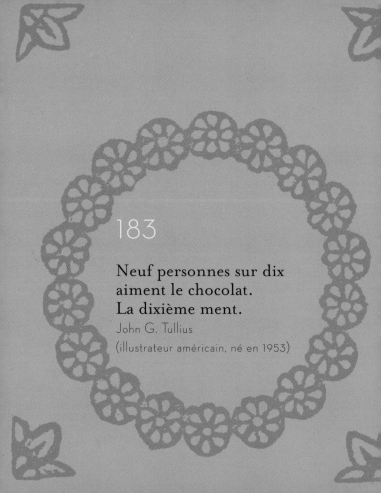

183

Neuf personnes sur dix
aiment le chocolat.
La dixième ment.

John G. Tullius

(illustrateur américain, né en 1953)

184

Le goût est fait de mille dégoûts.

Paul Valéry

(écrivain et poète français, 1871-1945)

185

Le Français
resale ses plats
avant de les goûter.
C'est pour se venger
de la gabelle.
Alain Schifres
(journaliste
et romancier français,
né en 1939)

186

Le cuisinier pousse à bout la logique
comestible des choses ; celles-ci, en retour,
le poussent au bout de lui-même,
de son savoir, de son désir, de son imaginaire.
Alain Ducasse
(chef cuisinier français, né en 1956)

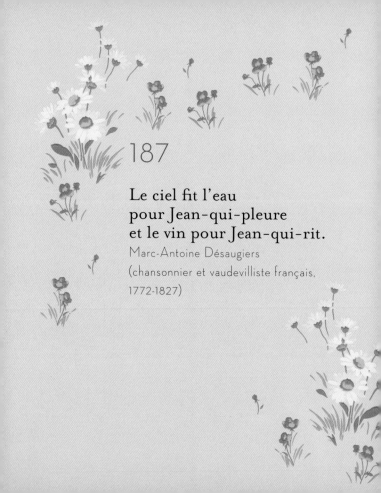

187

Le ciel fit l'eau
pour Jean-qui-pleure
et le vin pour Jean-qui-rit.

Marc-Antoine Désaugiers

(chansonnier et vaudevilliste français,
1772-1827)

188

Le Créateur
en obligeant l'homme
à manger pour vivre,
l'y invite par appétit
et l'en récompense
par le plaisir.
Anthelme Brillat-Savarin
(gastronome français, 1755-1826)

189

Le grand Dieu
fit les planètes
et nous faisons
les plats nets.

François Rabelais
(médecin et écrivain français,
v. 1494-1553)

190

L'emblème de la France,
c'était le coq.
C'est devenu le coq au vin.

Gilbert Cesbron
(écrivain français, 1913-1979)

191

Le cuisinier
devrait être partout
où il y a
quelque chose
à voir.
Alain Chapel
(chef cuisinier français,
1937-1990)

192

Le monde
appartient
à celui qui n'a pas
d'heure fixe
pour les repas.

Anne Jules de Noailles
(militaire français,
1650-1708)

193

Le nombre des saveurs est infini.

Anthelme Brillat-Savarin

(gastronome français, 1755-1826)

194

Le pain et le vin
sont le commencement
d'un grand festin.
Proverbe savoyard

195

J'ai le goût des homards
tranquilles, sérieux,
qui savent les secrets de la mer,
n'aboient pas.

Gérard de Nerval

(poète français, 1808-1855)

196

Le poisson est un animal
susceptible, en présence du pêcheur,
il prend facilement la mouche.
Noctuel
(écrivain français, né en 1923)

197

Le plaisir de la table
est de tous les âges,
de toutes les conditions,
de tous les pays
et de tous les jours.

Anthelme Brillat-Savarin
(gastronome français, 1755-1826)

Le plat du jour c'est bien, à condition de savoir
à quel jour remonte sa préparation.
Pierre Dac
(humoriste français, 1893-1975)

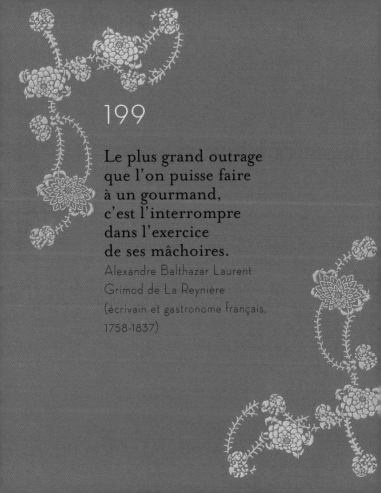

199

Le plus grand outrage
que l'on puisse faire
à un gourmand,
c'est l'interrompre
dans l'exercice
de ses mâchoires.

Alexandre Balthazar Laurent
Grimod de La Reynière
(écrivain et gastronome français,
1758-1837)

Le poisson est un animal dont la croissance
est excessivement rapide entre le moment
où il est pris et celui où le pêcheur en fait
la description à ses amis.
The Christian Herald

201

Le champagne
doit être au vin
ce que la haute couture
est à la mode.

Albert Gratien
(producteur de champagne,
1841-1885)

Si on avait toujours des cerises et du raisin,
on pourrait se passer de médecins.

Proverbe savoyard

203

Le pari de chacun de mes plats
reste le goût avant tout.

Jacques Decoret
(chef cuisinier français, né en 1965)

Dans nos familles, la cuisine se fait beaucoup
au jugé tant pour les temps de cuisson
que pour les quantités. J'entends encore
ma mère me dire : « Une fois que tu as fait ceci,
tu mets un peu de cela. »

Ghislaine Danan-Bénady
(auteure culinaire française)

205

Les champignons ressemblent aux péchés :
pour les déguster, il faut prendre des risques.

Hervé Bazin

(écrivain français, 1911-1996)

206

Le sucre ne sert à rien
quand c'est le sel qui manque.
Proverbe yiddish

207

**Le café au lait
est une boisson mulâtresse.**

Ramón Gómez de la Serna

(écrivain espagnol, 1888-1963)

Le sel est âcre quand on le goûte à part,
mais c'est le parfait assaisonnement
qui donne aux mets toute leur saveur.
Ainsi les difficultés sont-elles le sel de la vie.

Robert Baden-Powell
(militaire anglais, fondateur du scoutisme, 1857-1941)

209

Le sérieux,
ce symptôme évident
d'une mauvaise digestion.

Friedrich Nietzsche
(philosophe allemand, 1844-1900)

Le sucre,
on peut dire
qu'il est
le condiment
par excellence
et qu'il ne gâte
rien.

Anthelme Brillat-Savarin
(gastronome français,
1755-1826)

211

On change plus facilement
de religion que de café.

Georges Courteline

(écrivain français, 1858-1929)

Le rôle du cuisinier commence là
où s'arrête le travail de l'artisan,
l'œuvre de la nature.
Il consiste à rendre très bon ce qui,
déjà, est très beau.

Alain Ducasse

(chef cuisinier français, né en 1956)

213

Le thé à la menthe doit être amer
comme la vie, mousseux comme
l'amour et sucré comme la mort.

Proverbe marocain

Le tapioca a un goût déplaisant
de moisi pour les personnes
qui n'aiment pas le moisi.

Alphonse Allais
(écrivain et humoriste français,
1854-1905)

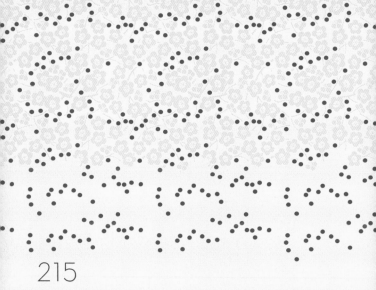

215

Tout est plus facile à dire dans une cuisine,
tout y est nuancé par cette intention
du partage, un appétit fait de la sève même
des choses.

Serge Joncour

(écrivain français, né en 1961)

Si le potage avait été aussi chaud
que le vin, le vin aussi vieux
que la poularde et la poularde
aussi grasse que la maîtresse de maison,
cela aurait été presque convenable.

Curnonsky
(gastronome français, 1872-1956)

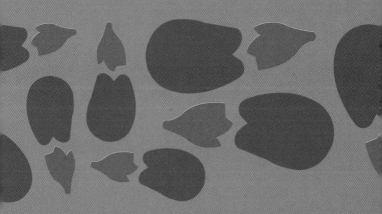

217

Je suis entrée dans le monde du vin
sans autre formation professionnelle
qu'une gourmandise certaine
des bonnes bouteilles.

Colette
(écrivaine française, 1873-1954)

La fonction première du condiment
est d'énerver le plat, de titiller des produits,
de leur opposer une sensation tranchante
et aiguisée pour contrebalancer ou répondre
à leur trop grande discrétion.

Michel Troisgros
(chef cuisinier français, né en 1958)

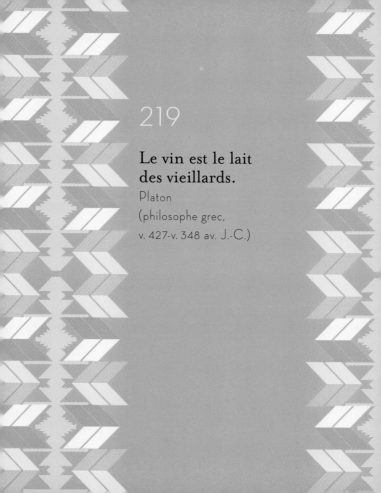

219

Le vin est le lait
des vieillards.

Platon
(philosophe grec,
v. 427-v. 348 av. J.-C.)

220

Il y a un tableau de Degans, un compagnon de Dali, qui s'appelle *La Jouissance*.
On y voit un homme à table, un verre de pétrus à la main, une truffe en croûte devant lui, du foie gras plein la bouche. Et l'œil à demi fermé… Eh bien, moi, je voudrais mourir comme ça : dans la jouissance absolue.

Marc Veyrat
(chef cuisinier français, né en 1950)

221

Je sais à quoi ressemble une pomme
qui grille et grésille dans l'âtre,
un soir d'hiver, et je sais le réconfort
qu'apporte le fait de la manger toute chaude,
avec un peu de sucre et un filet de crème…

Mark Twain
(écrivain et humoriste américain, 1835-1910)

222

Les Anglais
ont appris au monde
la façon de se tenir
correctement à table.
Mais ce sont les Français
qui mangent.
Pierre Daninos
(écrivain français, 1913-2005)

223

Le vin ordinaire : l'eau potable des Français.

George Bernard Shaw

(écrivain et critique irlandais, prix Nobel de littérature, 1856-1950)

Les habitants du désert ont fait vœu
de ne pas manger de poisson.

Johann Wolfgang von Goethe

(écrivain et poète allemand, 1749-1832)

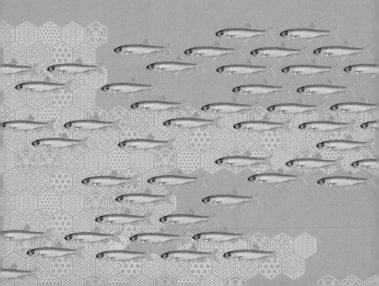

225

Le vin, c'est la lumière
du soleil captive dans l'eau.

Galilée

(scientifique italien, 1564-1642)

Les animaux se repaissent,
l'homme mange,
l'homme d'esprit seul sait manger.
Anthelme Brillat-Savarin
(gastronome français, 1755-1826)

227

Les bouteilles les plus prestigieuses
commencent à exister
au moment où on les vide entre amis.

Paul Bocuse
(chef cuisinier français, né en 1926)

Lorsque la marmite bout, l'amitié fleurit.
Proverbe anglais

229

Les champignons poussent
dans les endroits humides.
C'est pourquoi ils ont la forme
d'un parapluie.

Alphonse Allais

(écrivain et humoriste français, 1854-1905)

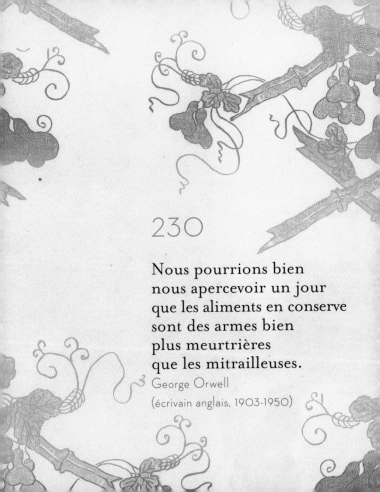

230

Nous pourrions bien
nous apercevoir un jour
que les aliments en conserve
sont des armes bien
plus meurtrières
que les mitrailleuses.

George Orwell
(écrivain anglais, 1903-1950)

Les Français ont une telle façon gourmande
d'évoquer la bonne chère qu'elle leur permet
de faire, entre les repas, des festins de paroles.

Pierre Daninos
(écrivain français, 1913-2005)

Les convives veulent
retrouver le plaisir des saisons
et le goût authentique
des produits du cru.

Bernard Loiseau
(chef cuisinier français, 1951-2003)

233

Les Français sont si fiers de leurs vins,
qu'ils ont donné à certaines de leurs villes
le nom d'un grand cru.

Oscar Wilde
(écrivain irlandais, 1854-1900)

234

Maître, en pensant à vous, dans le four,
j'ai fait cuire
Ceci, qui vous plaira, je l'espère, une lyre !
En pâte de brioche. Avec des fruits confits.
Et les cordes, voyez, en sucre je les fis.

Edmond Rostand
(dramaturge français, 1868-1918)

235

Les hommes sont comme les vins, avec le temps, les bons s'améliorent et les mauvais s'aigrissent.

Cicéron

(homme d'État et auteur latin, 106-43 av. J.-C.)

Les liens de la gourmandise
retiennent plus que tous les autres,
et l'on prend souvent
un mari à l'appât d'une bonne table.
Robert J. Courtine
(écrivain et gastronome français,1910-1998)

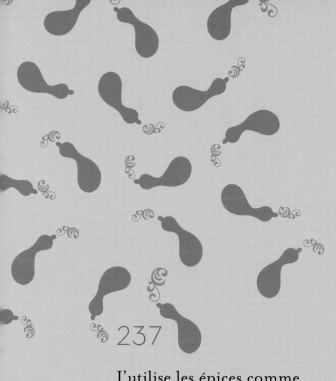

237

J'utilise les épices comme une ponctuation.

Olivier Roellinger

(chef cuisinier français, né en 1955)

238

Le vin est ce qu'il y a de plus civilisé
dans le monde.

François Rabelais
(médecin et écrivain français, v. 1494-1553)

239

Le vin est le breuvage le plus sain
et le plus hygiénique qui soit.

Louis Pasteur
(scientifique français, 1822-1895)

240

Les odeurs nourrissent le corps et l'âme.

Lao Tseu
(philosophe chinois,
v. 570-v. 490 av. J.-C.)

241

Les personnes qui boivent
régulièrement du chocolat
se distinguent
par leur bonne santé
et leur résistance
à toutes sortes de maladies
mineures qui troublent
la sérénité de la vie.

Anthelme Brillat-Savarin
(gastronome français, 1755-1826)

242

Les plats se lisent
et les livres se mangent.

Marcel Proust
(écrivain français, 1871-1922)

243

Les plus petits vins
font la meilleure eau-de-vie.

Thomas Jefferson

(homme politique américain, 1743-1826)

244

Les pommes de terre cuites
sont tellement plus faciles
à digérer que les pommes
en terre cuite.

Alphonse Allais
(écrivain et humoriste français, 1854-1905)

245

Les huîtres sont des mollusques
qui passent les fêtes de fin d'année
dans de petites huttes appelées bourriches.

Claude Piéplu

(acteur français, 1923-2006)

246

Le vin est un professeur de goût […],
il est le libérateur de l'esprit
et l'illuminateur de l'intelligence.
Paul Claudel
(écrivain et diplomate français, 1868-1955)

247

Les vrais gourmands lisent
en remuant les lèvres
pour mieux déguster les mots.

Yvan Audouard

(journaliste et romancier français, 1914-2004)

248

L'espèce humaine en général,
grâce aux perfectionnements
de la cuisine, mange deux fois plus
que la nature ne l'exige.

Benjamin Franklin
(écrivain, physicien et diplomate américain, 1706-1790)

Lorsque le vin entre, le secret sort.

Le Talmud

250

La gastronomie est la joie
de toutes les situations
et de tous les âges.
Elle donne la beauté de l'esprit.

Charles Monselet

(poète et romancier français, 1825-1888)

251

L'homme doit au vin
d'être le seul animal
à boire sans soif.

Doug Larson
(sportif anglais, 1902-1981)

252

Manger de l'ail, ça rajeunit l'organisme
et ça éloigne les importuns.
Alexandre Vialatte
(écrivain français, 1901-1971)

253

Le pastis, c'est comme les seins.
Un, c'est pas assez et trois, c'est trop !

Fernandel
(acteur français, 1903-1971)

254

Nos goûts culinaires sont,
de tous nos penchants,
les plus traditionnels,
les moins sujets
à des changements.

Adolf Rudnicki
(écrivain polonais, 1912-1990)

255

Mieux vaut
pas de cuillère
que pas de soupe.

Proverbe allemand

256

Le sein est une pomme dans une poire
où pointe un grain de raisin.
Le sein est le maximum du fondu :
tous les fruits en un.

Malcom de Chazal

(philosophe et poète mauricien, 1902-1981)

Ne fais pas le boudin
avant d'avoir tué le cochon.

Proverbe créole

258

Mon cœur est saturé de plaisir
quand j'ai du pain et de l'eau.

Épicure

(philosophe grec, 341-270 av. J.-C.)

259

**Le vin est
la caverne
de l'âme.**

Érasme
(humaniste
et théologien
hollandais,
1469-1536)

260

Quand un homme a faim, mieux vaut
lui apprendre à pêcher que de lui donner
un poisson.

Confucius

(philosophe chinois, v. 551-v. 479 av. J.-C.)

261

Le vin est innocent.
L'ivrogne seul est coupable.

Proverbe russe

262

Quand on a de la viande, on déteste le gras.
Quand on n'en a pas, on mangerait même la peau.

Proverbe chinois

263

C'est pas les frites qui font grossir,
c'est la bière qu'on boit avec.

Grégoire Lacroix

(écrivain et poète français, né en 1933)

On a dressé la table ronde
Sous la fraîcheur du cerisier
Le miel fait les tartines blondes
Un peu de ciel pleut dans le thé…

Maurice Carême
(poète belge, 1899-1978)

265

Mieux vaut manger un pain debout
qu'un steak à genoux.

Proverbe québécois

266

On devient cuisinier, mais on naît rôtisseur.

Anthelme Brillat-Savarin
(gastronome français, 1755-1826)

267

On ne fait bien que ce qu'on aime.
Ni la science ni la conscience ne modèlen
un grand cuisinier.

Proverbe sibérien

268

On ne fait pas d'omelette
sans casser des œufs.
Proverbe français

269

On doit laisser en paix
les gens chargés de la cuisine

Pierre Benoit

(écrivain français, 1886-1962)

270

On ne manque jamais d'amis à table ;
on en trouve peu dans les moments difficiles
de la vie.

Théognis de Mégare
(poète grec, VIᵉ siècle av. J.-C.)

271

Qu'est-ce que la santé ?
C'est du chocolat.

Anthelme Brillat-Savarin

(gastronome français, 1755-1826)

272

On ne peut avoir
de culture
gastronomique
sans vin.

Julia Child
(auteure américaine d'ouvrages
et d'émissions de télévision
culinaires, 1912-2004)

273

On peut tout faire
avec des mayonnaises,
sauf s'asseoir dessus.

Anthelme Brillat-Savarin
(gastronome français, 1755-1826)

274

Si l'on jugeait les choses
sur les apparences,
personne n'aurait voulu
manger un oursin.

Marcel Pagnol

(écrivain et cinéaste français, 1895-1974)

275

Jamais l'affamé
ne fait trop cuire son pain.

Proverbe serbo-croate

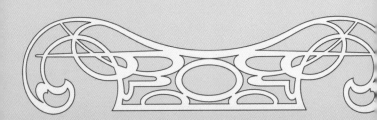

276

Il y a des jours où le bonheur
minuscule du café du matin
ne vient pas à bout des nouvelles
du jour.

Sylviane Agacinski
(philosophe française, née en 1945)

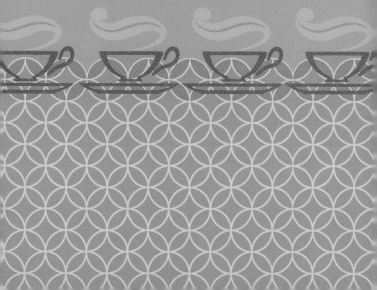

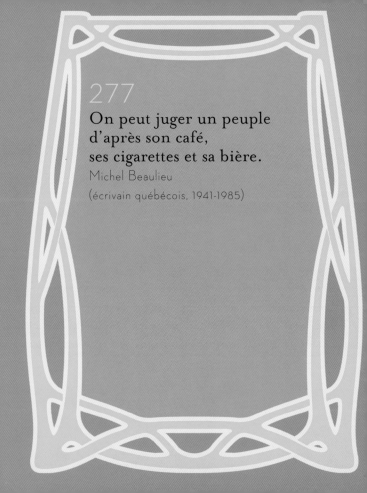

277

On peut juger un peuple
d'après son café,
ses cigarettes et sa bière.

Michel Beaulieu

(écrivain québécois, 1941-1985)

278

Au matin, bois le vin blanc,
le rouge au soir pour faire le sang.

Proverbe bourguignon

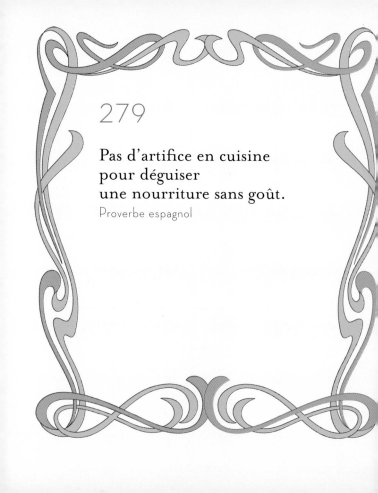

279

Pas d'artifice en cuisine
pour déguiser
une nourriture sans goût.

Proverbe espagnol

280

Partager son repas
avec quelqu'un est un acte
intime qui ne devrait pas
être pris à la légère.

Mary Frances Kennedy Fischer
(écrivaine américaine, 1908-1992)

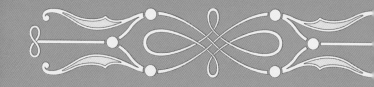

281

Penser qu'on ne sait pas le nom
du premier cochon
qui a trouvé une truffe...

Edmond de Goncourt
(écrivain français, 1822-1896)

282

Trempé dans du lait pour l'adoucir,
recouvert de jaune d'œuf et de sucre,
et cuit dans une poêle, il n'est pas perdu
le pain perdu, puisqu'on le mange.

Christian Bobin

(écrivain et poète français, né en 1951)

283

Pour être ridée,
une bonne pomme
ne perd pas
sa bonne odeur.

Proverbe breton

Passer pour un idiot
aux yeux d'un imbécile
est une volupté de fin gourmet.

Georges Courteline
(écrivain français, 1858-1929)

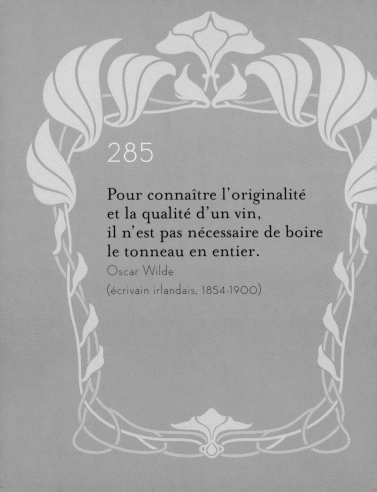

285

Pour connaître l'originalité
et la qualité d'un vin,
il n'est pas nécessaire de boire
le tonneau en entier.
Oscar Wilde
(écrivain irlandais, 1854-1900)

286

La vigne a servi
à la nourriture
des hommes
et même
à leur habillement.

Jean-Charles
(humoriste et écrivain français,
né en 1922)

287

Prenez du chocolat,
afin que les plus mauvaises
compagnies
vous paraissent bonnes.
Madame de Sévigné
(femme de lettres française,
1626-1696)

La gourmandise est ennemie des excès.

Anthelme Brillat-Savarin

(gastronome français, 1755-1826)

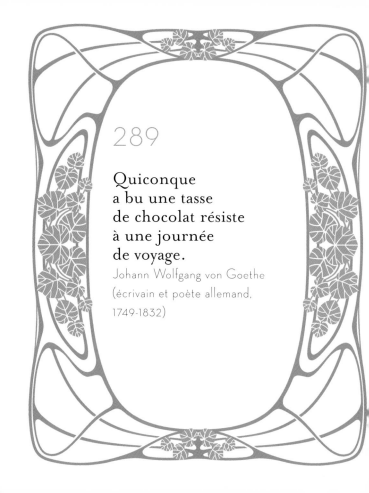

289

Quiconque
a bu une tasse
de chocolat résiste
à une journée
de voyage.

Johann Wolfgang von Goethe
(écrivain et poète allemand,
1749-1832)

290

Quand il y a plusieurs cuisiniers,
la soupe est trop salée.
Proverbe italien

291

Quand j'ai bien faim
et que je mange,
et que j'ai bien de
quoi choisir, je ressens
autant de plaisir
qu'à gratter
ce qui me démange.

Paul Scarron
(écrivain français, 1610-1660)

292

C'est sur la partie brûlée
de la tarte
que l'on met le plus de sucre.
Proverbe néerlandais

293

Qui vole un œuf ferait
mieux de voler un bœuf.

Francis Blanche

(acteur et humoriste français,

1921-1974)

294

Quand le vin est tiré, il faut le boire.
Surtout s'il est bon !

Marcel Pagnol

(écrivain et cinéaste français, 1895-1974)

295

D'un veau,
on espère un bœuf
et d'une poule un œuf.

Proverbe français

D'être sans noyau, c'est un progrès
pour la prune, mais seulement
du point de vue de ceux qui la mangent.

Paul-Jean Toulet

(écrivain

et poète français,

1867-1920)

297

Brûlez de vieux bois,
buvez de vieux vins,
lisez de vieux livres,
ayez de vieux amis.

Alphonse XI
(roi de Castille, 1311-1350)

298

Quand on a mangé salé,
on ne peut plus manger sans sel.
Proverbe africain

299

Quand on a renoncé à tous les plaisirs de la vie, il reste encore celui de se lever de table après un repas ennuyeux.

Paul Claudel
(écrivain et diplomate français, 1868-1955)

300

Quand on a trop mangé,
l'estomac le regrette et quand on n'a pas assez
mangé, l'estomac le regrette aussi.
Pierre Dac
(humoriste français, 1893-1975)

301

Quand on plante
un oignon sous un saule,
on n'obtient pas forcément
un saule pleureur.

François Cavanna
(écrivain et dessinateur
humoristique français, né en 1923)

302

Que suppose l'art culinaire ?
La connaissance des herbes, des fruits,
des baumes et des épices et de tout
ce qui soigne dans les champs et les bois.
John Ruskin
(écrivain et critique d'art anglais, 1819-1900)

303

Quel animal admirable que le cochon !
Il ne lui manque que de savoir lui-même faire
son boudin.

Jules Renard

(écrivain français, 1864-1910)

304

Le vinaigre trop acide
ronge le vase
qui le contient.
Proverbe turc

305

Qui s'est brûlé la langue
n'oublie pas
de souffler sur sa soupe.

Proverbe allemand

Quand je mange des glaces,
ça me fait réfléchir.

Proverbe sibérien

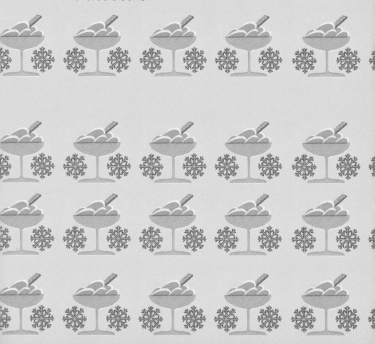

307

Qui veut manger des œufs
supporte le caquet des poules.

Hendrik Laurensz Spieghel

(penseur hollandais, 1549-1612)

308

Rien ne fait voir l'avenir couleur de rose
comme de le contempler à travers un verre
de chambertin.

Alexandre Dumas (père)
(écrivain français, 1802-1870)

309

**Rien ne doit déranger
un honnête homme qui dîne.**
Joseph Berchoux
(juge de paix et poète français, 1765-1839)

310

- Qu'est-ce que vous mettez
sur le pain que vous trempez, là ?
- Ah! Ça? C'est du maroilles.
- Du maroilles ? Qu'est-ce que
c'est que ça ?
- C'est un fromage qui sent…
un tout petit peu fort. […]
C'est pour ça qu'on le trempe
dans le café. Ça adoucit !

Dany Boon

(acteur et réalisateur français, né en 1966)

311

Si j'étais un péché mignon,
je serais… une corne de gazelle.
Imane Zekri
(auteure marocaine)

312

Le thé est
une boisson chaste.

Claire Gallois
(romancière française,
née en 1937)

313

Le chef, c'est celui
qui peut prendre
la dernière goutte
de café sans avoir
à en refaire.

Scott Adams
(illustrateur américain, né en 1957)

314

Du porc,
on ne perd que le cri.

Proverbe limousin

315

Sa ferme est si petite
que sa vache
ne donne que du lait condensé.

Jean-Loup Chiflet

(écrivain et éditeur français, né en 1942)

Sans la participation de l'odorat,
il n'est point de dégustation complète.

Anthelme Brillat-Savarin

(gastronome français, 1755-1826)

317

Seul celui qui n'a pas faim est à même
de juger de la qualité de la nourriture.

Alessandro Morandotti

(historien et professeur italien, né en 1958)

318

À manger avec le diable, la fourchette
n'est jamais trop longue.
Proverbe bourbonnais

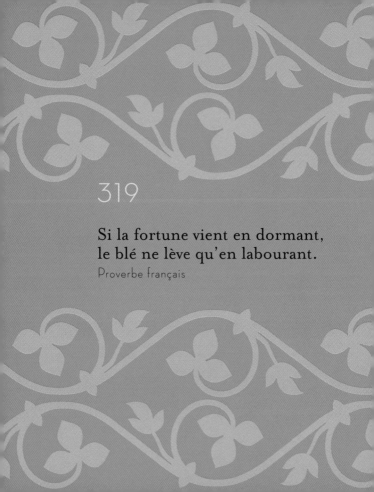

319

Si la fortune vient en dormant,
le blé ne lève qu'en labourant.

Proverbe français

320

Lait et miel sont douceur,
délices de l'intimité retrouvée.

Gilbert Durand

(philosophe français, né en 1921)

321

Si j'étais directeur d'école, je me débarrasserai
du professeur d'histoire et je le remplacerais
par un professeur de chocolat ; mes élèves
étudieraient au moins un sujet qui les concerne
tous.

Roald Dahl
(écrivain gallois, 1916-1990)

322

Les pommes du voisin
sont les meilleures.
Proverbe yiddish

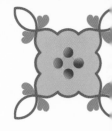

323

Si le vin disparaissait de la production
humaine, il se ferait, dans la santé
et dans l'intelligence, un vide,
une absence plus affreuse que tous les excès
dont on le rend coupable.

Charles Baudelaire

(écrivain français, 1821-1867)

324

Dieu n'avait fait
que l'eau,
mais l'homme
a fait le vin.

Victor Hugo
(écrivain français,
1802-1885)

325

Si les applaudissements
sont le pain des acteurs,
les rappels en sont le beurre.

Luis Rego

(musicien et acteur français, né en 1943)

Faute de pommes,
contente-toi d'une carotte.

Proverbe russe

327

Si ton couscous te plaît,
mange-le quand il est chaud.

Ahmadou Kourouma

(écrivain ivoirien, 1927-2003)

328

Une barrique pleine de vin
peut faire plus de miracles
qu'une église pleine de saints.
Proverbe italien

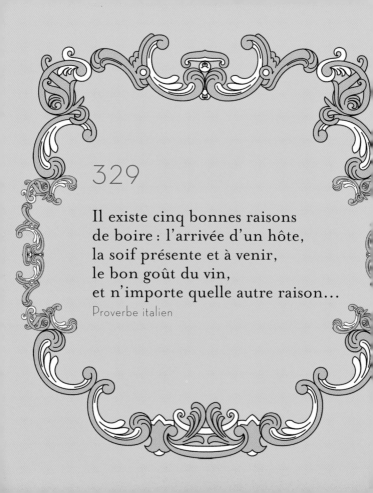

329

Il existe cinq bonnes raisons
de boire : l'arrivée d'un hôte,
la soif présente et à venir,
le bon goût du vin,
et n'importe quelle autre raison...

Proverbe italien

330

Si vous n'êtes pas capable
de vous mêler de sorcellerie,
ce n'est pas la peine
de vous mêler de cuisine.

Colette
(écrivaine française, 1873-1954)

331

Chat gourmand
rend la cuisinière
avisée.

Proverbe occitan

332

Dans les souvenirs
d'enfance de chaque
bon cuisinier se trouve
une grande cuisine,
une cuisinière en marche,
un gâteau qui cuit
et une maman.

Barbara Costikyan
(écrivaine et journaliste culinaire
américaine)

333

Si tu regardes ce
que mange le canard,
tu ne mangeras pas
de canard.

Proverbe créole

334

Parfois il suffit
de manger,
pour que tout,
ou presque,
puisse être dit.

Viviane Chocas
(auteure française, née en 1962)

335

Toute beauté,
quand elle est vraiment
intégrée, transite
nécessairement dans
l'assiette, fût-ce pour
la plus simple des salades
ou la plus débonnaire
des tartes.

Alain Chapel
(chef cuisinier français, 1937-1990)

Chez nous, les hommes
devraient naître plus heureux
et joyeux qu'ailleurs,
mais je crois que le bonheur
vient aux hommes qui naissent
là où l'on trouve de bons vins…

Léonard de Vinci
(peintre et savant italien, 1452-1519)

337

La pomme est un fruit savoureux et beau,
mais quand elle est pourrie,
elle ne peut même pas égaler le goût
d'un simple concombre ferme et bien frais.

Lao She

(romancier et dramaturge chinois, 1899-1966)

Treize à table n'est à craindre qu'autant
qu'il n'y aurait à manger que pour douze.

Alexandre Balthazar Laurent Grimod de La Reynière
(écrivain et gastronome français, 1758-1837)

339

Un baiser sans moustache,
c'est comme un bifteck sans moutarde.
Proverbe italien

340

Pour bien cuisiner,
il faut de bons ingrédients,
un palais, du cœur et des amis.

Pierre Perret
(auteur-compositeur
et chanteur français, né en 1934)

341

Un cuisinier quand je dîne
Me semble un être divin
Qui du fond de sa cuisine
Gouverne le genre humain.

Marc-Antoine Désaugiers
(chansonnier et vaudevilliste français, 1772-1827)

342

Il y a plus de noblesse dans un chou fraîchement cueilli
que dans un homard surgelé.

Guy Savoy
(chef cuisinier français, né en 1953)

343

Un dessert sans fromage
est une belle à qui il manque un œil.

Anthelme Brillat-Savarin

(gastronome français, 1755-1826)

344

Un feu trop violent
ne permet pas
une bonne cuisine.

Proverbe chinois

345

Un homme qui ne boit
que de l'eau a un secret
à cacher à ses semblables.

Charles Baudelaire

(écrivain français, 1821-1867)

346

Un long baiser ne dure jamais
autant qu'un bon plat.

George Meredith
(écrivain et poète anglais, 1828-1909)

347

Une fois que l'on a mangé
le gruyère, que deviennent
les trous ?

Jean-Loup Chiflet

(écrivain et éditeur français, né en 1942

348

Un repas est insipide, s'il n'est assaisonné
d'un brin de folie.

Didier Érasme

(humaniste et théologien hollandais, 1469-1536)

349

Riz : trois lettres comme
dans le mot blé, mais entre ces
deux nourritures fondamentales,
il y a la différence
de deux groupes
de civilisations.

Michel Tournier

(écrivain français, né en 1924)

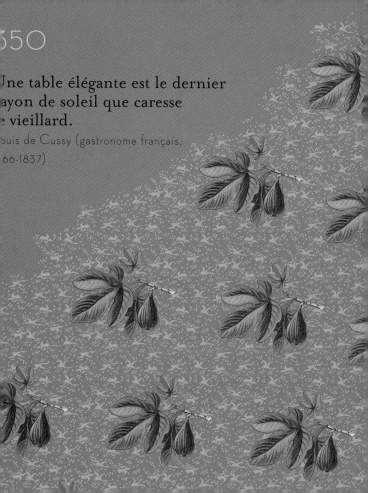

Une table élégante est le dernier
rayon de soleil que caresse
le vieillard.

Louis de Cussy (gastronome français,
1766-1837)

351

Un poulet ne doit pas s'immiscer
dans une querelle qui oppose
deux couteaux, sinon il risque for
de se faire trancher le cou.

Massa Makan Diabaté

(écrivain malien, 1938-1988)

352

Un poème jamais ne valut un dîner.

Joseph Berchoux

(juge de paix et poète français, 1765-1839)

353

Un plat doit être bon
et « être bon » signifie
ouvrir le champ
des émotions.

Pierre Gagnaire
(chef cuisinier français, né en 1950)

D'autant plus forte est l'ivresse
que plus amer est le vin.
Gabriele D'Annunzio
(écrivain italien, 1863-1938)

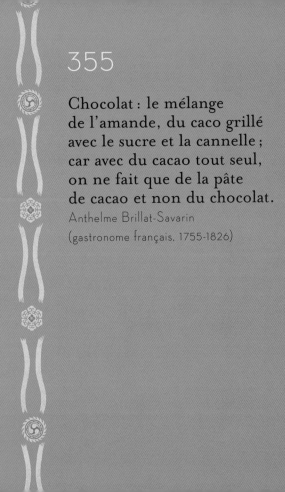

355

Chocolat : le mélange
de l'amande, du caco grillé
avec le sucre et la cannelle ;
car avec du cacao tout seul,
on ne fait que de la pâte
de cacao et non du chocolat.

Anthelme Brillat-Savarin
(gastronome français, 1755-1826)

356

Un rêve de beignets,
c'est un rêve,
et non pas des beignets.

Proverbe yiddish

357

Une caresse d'ail revigore,
un excès d'ail endort.

Curnonsky
(gastronome français, 1872-1956)

358

Une huître, c'est un poisson
fait comme une noix.

Jean-Charles

(humoriste et écrivain français, 1922-2003)

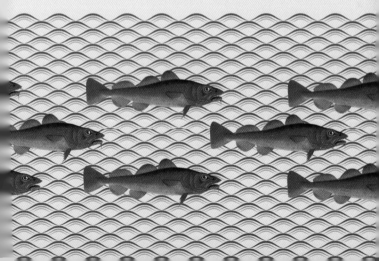

359

Une pomme par jour
éloigne le médecin…
pourvu qu'on vise bien.

Winston Churchill
(homme d'État britannique,
1874-1965)

360

Une truite
dans la marmite
vaut plus
que deux saumons
dans la rivière.

Proverbe irlandais

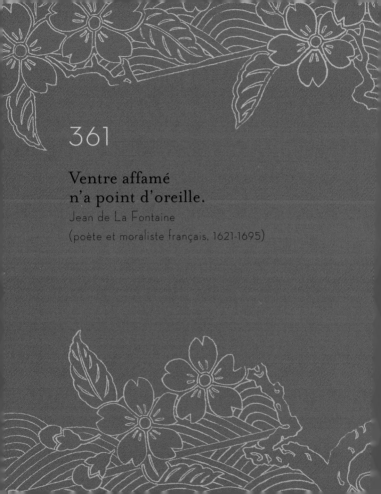

361

Ventre affamé
n'a point d'oreille.

Jean de La Fontaine

(poète et moraliste français, 1621-1695)

362

Un verre de vin
vaut un habit de velours.

Proverbe français

363

Je sais maintenant pourquoi
les Anglais préfèrent le thé.
Je viens de boire leur café.

Pierre-Jean Vaillard

(chansonnier français, 1918-1988)

Ce goût, c'était celui du petit morceau
de madeleine…

Marcel Proust
(écrivain français, 1871-1922)

Toute chose a une
fin, sauf le saucisson,
qui en a deux.

Proverbe danois

Index
des auteurs
cités

NOTES

NOTES

NOTES

NOTES

NOTES

NOTES

NOTES

Responsable éditoriale : Valérie Tognali
Suivi d'édition : Nathalie Lefebvre
Directrices artistiques : Sabine Houplain & Gaëlle Junius
Conception graphique et réalisation : Marie-Paule Jaulme
Fabrication : Amandine Sevestre
Photogravure : APS Chromostyle
Achevé d'imprimer à Singapour
Dépôt légal : septembre 2007
ISBN : 978-2-84277-892-7
34/2054/4 - 01